LIBRAIRIE DU PARTI SOCIALISTE (S. F. I. O.)

COLLECTIVISME

ET

RÉVOLUTION

par Jules GUESDE

Nouvelle Édition

PRIX : 0.10 CENTIMES

Conseil National, 16, rue de la Corderie
PARIS (IIIᵉ Arrondissement)

LE SOCIALISTE

Organe central du Parti Socialiste

(Section Française de l'Internationale Ouvrière)

PARAIT TOUS LES SAMEDIS

Le Numéro : 10 Centimes

ABONNEMENTS. — *France :* Trois mois, **1 fr. 50** ; six mois, **3 fr.** ; un an, **6 fr.** — *Etranger :* Un an, **8 fr.**

ADMINISTRATION & RÉDACTION :

Au Siège du Parti

PARIS - 16, Rue de la Corderie, 16 - PARIS

LA

Librairie du Parti Socialiste

16, Rue de la Corderie, Paris (IIIᵉ)

fait les mêmes remises que **toutes** *les autres Librairies.*

Elle est, en outre, **la seule** *librairie appartenant au Parti. Elle verse* **tous** *ses bénéfices à la propagande socialiste.*

Tous les militants ont le devoir de s'y fournir.

On y trouve tous les ouvrages parus : Volumes, chansons, insignes, coquelicots, églantines, etc., etc.

ENVOI FRANCO DU CATALOGUE

8695. Lille, imp. ouv. M. Dhoossche, 147, rue d'Arras

LIBRAIRIE DU PARTI SOCIALISTE (S. F. I. O.)

COLLECTIVISME
ET
RÉVOLUTION

par Jules GUESDE

Nouvelle Édition

Prix : 0.10 Centimes

LILLE
Imprimerie ouvrière M. Dhoossche, rue d'Arras, 147

1906

AUX SALARIÉS

Tant sait l'homme, tant peut l'homme.

Après vous avoir donné — avec la loi des salaires — la loi même de votre misère, il me restait à déterminer les conditions dans lesquelles peut disparaître le salariat et les moyens de le faire disparaître.

C'est ce que je me suis efforcé de faire dans cette nouvelle brochure, avec ma franchise habituelle et sans me dissimuler ce qu'une partie d'entre vous trouvera peut-être de rigoureux dans la conclusion à laquelle j'ai été amené, non pas par goût, mais par nécessité de logique et d'expérience.

A d'autres le facile — sinon honnête — plaisir d'abonder en quelque sorte dans votre sens, en vous faisant espérer votre émancipation de « la longueur du temps », du développement régulier des institutions républicaines, de la liberté de réunion et d'association que l'on vous promet toujours sans jamais vous la donner, etc.

Pour moi, je présente les choses telles qu'elles sont — si désagréables qu'elles puissent sonner à certaines oreilles ; et, où la Révolution s'impose comme une nécessité, je dis sans hésiter : « que la Révolution soit ! Et tant pis pour ceux qui l'auront rendue inévitable. »

Et j'ai la conscience, en agissant ainsi, de faire mon devoir, tout mon devoir.

Plus tard, sous le titre : le lendemain de la Révolution, *j'irai au-devant d'objections que vous ne pouvez manquer de vous poser — si ce n'est déjà fait — et j'étudierai avec vous* comment pourrait fonctionner notre société collectiviste ou, comme dit Stuart Mill, « une organisation sociale qui concilie la plus grande liberté de l'individu avec une appropriation commune des matières premières fournies par le globe et une participation égale de tous dans les bénéfices du travail commun ».

Vous serez alors à même de juger en connaissance de cause si les collectivistes révolutionnaires, comme on voudrait vous le faire croire, vous poussent à lâcher la proie pour l'ombre, ou si, au contraire, leur seul crime n'est pas précisément de vouloir vous faire lâcher l'ombre pour la proie.

Hôpital Necker, mai 1879.

(PRÉFACE DE LA 1ʳᵉ ÉDITION)

COLLECTIVISME
ET RÉVOLUTION

Le salariat, dont l'économie politique bourgeoise nous a donné elle-même la loi (1), et qui n'est pas à améliorer — parce qu'inaméliorable — mais à détruire, résulte de la possession, par les uns, du capital mis en valeur par les autres. C'est parce que les travailleurs ne possèdent pas l'instrument et la matière de leur travail, qu'au lieu d'être rémunérés par leur produit ou l'équivalent de leur produit, ils sont réduits à ne recevoir en échange de leur production, quelle qu'elle soit, que ce qui leur est indispensable pour vivre et se reproduire. C'est parce qu'ils ne possèdent pas leur outillage que, devenus outils eux-mêmes, ils ne sauraient être « payés » au delà de ce qui leur est strictement nécessaire pour se conserver et se continuer dans leurs enfants à l'état d'outils, de machines en activité, — le prix des outils, comme le prix de toute chose échangeable ou vénale, tendant à ne pas dépasser le coût de production et de reproduction.

Dès lors le problème de l'abolition du salariat se trouve énormément simplifié, pour ne pas dire résolu.

---

(1) Voir *La loi des salaires et ses conséquences.*

Puisque le salariat — cette misère à perpétuité de la masse ouvrière — est un effet de la division du capital, approprié par quelques-uns, et du travail, accompli par le plus grand nombre ; puisqu'il tient à la séparation de la société en deux classes : la classe oisive ou improductive des capitalistes et la classe non-capitaliste ou prolétarienne des travailleurs, il ne disparaîtra et ne pourra disparaître que par la réunion dans les mêmes mains du travail et du capital, en d'autres termes lorsque les travailleurs seront devenus leurs propres capitalistes, possédant à la fois tout l'instrument et toute la matière (1) de la production.

Que l'on suppose un instant les charbonnages du Nord et du Pas-de-Calais entre les mains du personnel minier qui les exploite, les forges et usines du Creuzot en puissance de la population ouvrière qu'elles emploient ; — et évidemment il ne peut plus être question de salaire pour ces deux catégories de producteurs, passés à l'état de patrons et touchant, à titre de produit, outre la somme qui représentait leur ancien salaire, les millions qui entrent annuellement aujourd'hui par vingtaine dans la caisse particulière de MM. Schneider ou sont distribués comme divi

---

(1) Je dis l'instrument et la *matière* de la production, parce que la possession de l'instrument seul ne vaudrait rien, — témoin ce qui vient de se passer à Lyon. Les tisseurs lyonnais, en effet, sont, comme on le sait, propriétaires de leurs métiers ; mais comme ils dépendent des patrons ou capitalistes pour la matière première, pour la soie qui leur est livrée et qu'ils ne possèdent pas, loin d'être plus libres que les simples prolétaires, ils sont plus esclaves encore, obligés qu'ils sont de pourvoir, en temps de grève, de chômage, etc., non seulement à leur entretien, mais à l'entretien de l'instrument de leur travail.

dendes aux actionnaires d'Anzin, d'Aniche, etc., et représentent exactement la différence entre le prix actuel du travail minier et métallurgique, et la valeur réelle de ce travail.

Les besoins organiques de ces forgerons, mécaniciens et mineurs cessent d'être la mesure de la rétribution de leur travail, lequel travail se trouve naturellement rémunéré par son produit même, autrement dit par l'addition de ce que mineurs, mécaniciens et forgerons recevaient primitivement comme salaires et de ce que le capitaliste individuel ou collectif s'adjugeait à titre d'intérêt, de bénéfice ou de profit.

C'est le travailleur maître et disposant de la totalité des valeurs par lui créées et aussi riche qu'il est misérable aujourd'hui, — comme il est facile de s'en convaincre par des chiffres.

La production manufacturière française, par exemple, qui, il y a quinze ans, employait (Paris et Lyon non compris) 1.467,471 ouvriers, dont 417,510 femmes et 117,201 enfants, s'est chiffrée par une valeur totale de 7 milliards 130,281,210 francs, dont il convient de défalquer matières premières, combustible, etc., évalués par l'enquête de 1861-65 à 5 milliards 138,467,118 francs. Ce qui laisse une plus-value de 1 milliard 994,619,592 francs, dans laquelle les salaires ne figurent que pour 980,414,105 francs ou moins de la moitié ! Eh bien ! étant donné que les divers établissements industriels eussent été en possession de nos 1,467,471 hommes, femmes et enfants, *au lieu des 980,414,405 francs qui leur sont échus en partage (666 francs en moyenne par tête), ils auraient eu à se répartir la totalité des 1 milliard 994,619,592 francs, — soit en plus de ce qu'ils ont perçu, 1 milliard 14,468,117 francs (1,357 francs par tête au lieu de 666 francs).*

Autre exemple : les industries manufacturières aux Etats-Unis ont donné en 1870 un produit net de 6 milliards 650 millions de francs se divisant ainsi : part des 2,000,000 ouvriers ou salaire : 3 milliards 100 millions ; part des capitalistes (intérêts, profits, rentes) : 3 milliards 550 millions, soit *en moyenne par ouvrier* 1,550 *francs,* alors que, s'ils avaient été leurs propres employeurs, possédant les moyens de production, *ils auraient reçu par tête* 3,275 *francs, ou plus du double.*

Voilà qui est suffisamment catégorique pour me permettre de passer sans plus d'explication à un autre ordre d'idées, à savoir quelle forme devrait revêtir, pour assurer les mêmes avantages à tous les travailleurs présents et futurs, l'appropriation à leur profit de la matière et de l'instrument de leur travail.

Que ce ne puisse être la forme individuelle, c'est ce qu'il est à peine besoin de démontrer. Ceux qui s'inspirant des anciennes lois agraires ont pu rêver une répartition par tête du capital immobilier et mobilier existant, ne se sont rendu compte ni du *présent* au point de vue de la production, ni de *l'avenir* au point de vue des producteurs.

Ils ne se sont rendu compte ni des conditions de la production industrielle et agricole au XIXe siècle, ni du mouvement de la population.

1° La production qui s'accommode des efforts isolés ou individuels va diminuant, se restreignant tous les jours. La grande industrie tend à absorber la petite et à devenir toute l'industrie — et ce, pour le plus grand bien de tous, la grande industrie produisant plus et mieux et à moins de frais. L'agriculture, qui paraît au premier abord moins réfractaire au morcellement, n'échappe cependant pas à la loi générale dès que l'on sort de la culture maraîchère. Les céréales,

les prairies artificielles, etc., les dix-neuf vingtièmes au bas mot de la production agricole exigent, comme la production industrielle, pour donner leur *maximum* d'effet contre un *minimum* de frais, le travail en commun ou la grande culture. C'est ainsi, pour ne citer qu'un exemple, qu'en Angleterre, où existe la grande culture par suite de la grande propriété, le rendement du blé a toujours été supérieur à celui de la France où la petite propriété ne laisse place qu'à la petite culture : 28 contre 19.

Individualiser le capital terrien et industriel et, par suite, le travail appelé à le féconder, ce serait réduire la production actuelle au lieu de l'accroître, et créer artificiellement une misère qui, pour être également supportée par tous, n'en serait pas moins la misère, c'est-à-dire le contraire de ce bien-être universel qui est et doit être notre but.

2° Etant donné que, par suite d'un partage homicide, chaque travailleur soit devenu individuellement propriétaire de la partie du capital sur laquelle s'exerce son activité créatrice et reste ainsi maître du fruit intégral de son travail, qui ne voit que cet état de choses ne saurait durer ; qu'à chaque génération, selon l'accroissement ou la diminution des familles ; que dis-je, à chaque naissance et à chaque décès, pour empêcher la reconstitution d'un prolétariat et d'un patronat, c'est-à-dire de travailleurs non capitalistes et de capitalistes non travailleurs, le partage serait à recommencer.

Force est donc de renoncer à cette soi-disant solution qui laisserait la question toujours ouverte, en même temps qu'elle n'aboutirait qu'à universaliser le paupérisme.

Restent la forme corporative et la forme collective, qui divisent le parti socialiste sans que l'on puisse s'expliquer comment et pourquoi, tant l'appropriation corporative de la matière et des instruments de travail présente d'inconvénients sous tous les rapports et va contre la justice ou l'*égalité dans la liberté* que nous poursuivons.

Les capitaux, même les capitaux de même nature, terres, mines, etc., ne sont pas également productifs, c'est-à-dire produisent plus ou moins pour la même somme de travail ; et en admettant que les divers groupes devinssent propriétaires exclusifs de ces divers capitaux, les membres de ces groupes se trouveraient vis-à-vis les uns des autres dans un état révoltant d'inégalité, — inégalité que pourrait encore aggraver l'accroissement inégal, c'est-à-dire plus lent ici et plus rapide là, de la population. Il en serait des corporations propriétaires, comme des familles propriétaires d'aujourd'hui, dont l'inégalité des moyens s'accroît à chaque génération, par suite de l'inégalité dans laquelle elles se reproduisent, les unes se trouvant être aussi prolifiques que les autres le sont peu.

D'autre part, l'antagonisme qui règne actuellement entre les propriétaires individuels, et qui fait de la ruine des uns la condition *sine quâ non* du salut des autres, ne serait que déplacé ; et pour sévir entre propriétaires corporatifs il n'en reste ni moins immoral, ni moins meurtrier.

Les groupes propriétaires, enfin, ne seraient-ils pas naturellement entraînés, selon qu'ils deviendraient plus riches, à se refuser à tout recrutement du dehors, à élever une barrière infranchissable entre eux et le trop plein, toujours à prévoir, d'autres groupes (1) ?

---

(1) Ce qui aurait encore pour résultat de « parquer » les hommes, selon leur naissance, dans telle ou telle branche de la production, au lieu de laisser à un chacun, dans la limite

Rien de semblable avec l'appropriation collective c'est-à-dire avec l'attribution à la collectivité ou à la société toute entière de la propriété de tout (1) le capital, outillage et matière première. Les groupes producteurs n'ayant plus que l'usage de ce capital dans la mesure où il leur est nécessaire ou mieux dans la mesure rendue successivement nécessaire par les besoins variables de la population, la répartition des travailleurs entre les différentes branches de la production, selon leurs aptitudes particulières et les nécessités générales, s'opère sans difficulté, sans froissement et pour ainsi dire d'elle-même.

La productivité exceptionnelle de certains capitaux, de certaines terres ou mines, cesse d'être une cause d'inégalité dans le bien-être des diverses catégories de travailleurs, puisque ce ne sont plus les groupes particuliers auxquels ces capitaux sont échus qui bénéficient exclusivement de cette *surproduction d'origine non humaine,* mais la totalité des groupes ou la société, appelée à l'employer socialement, au

---

des besoins sociaux, la liberté de s'adonner au genre de travail vers lequel l'entrainent ses aptitudes particulières, et auquel il serait plus propre.

(1) Je dis « de tout » le capital, parce qu'il existe une *petite poignée* de collectivistes, dits *Collinsiens,* qui voudraient — on ne voit pas dans quel but — limiter l'appropriation collective à une partie seulement des capitaux. Ce qui entraînerait les conséquences les plus désastreuses.

De deux choses l'une, en effet :

Ou la partie du capital appropriée collectivement, c'est-à-dire mise à la disposition de tous, suffira à la production sociale, autrement dit au bien-être de ceux qui la mettent en valeur ; — et la partie du capital approprié individuellement ne trouvera pas de bras qui la fassent produire et restera stérile au grand dommage de la société ;

profit de tous (services publics) ou à la répartir également entre tous (consommation).

En même temps que l'opposition des intérêts fait place à la solidarité des intérêts, aucun motif n'existant plus pour aucune corporation d'entrer en lutte avec d'autres ou de s'opposer au va-et-vient des individus d'un groupe à un autre, les mêmes avantages pour la même quantité de travail se rencontrant pour chacun dans quelque groupe, quelque corporation, ou quelque branche de la production qu'il figure.

Mais pour cela — on le voit — pour que le travail soit également rémunérateur pour tous (1) il est de toute nécessité que l'appropriation collective soit réel-

---

Ou la partie du capital *socialisée* sera insuffisante. Les travailleurs qui y appliquent leur activité productrice seront obligés, pour compléter leurs moyens d'existence, de se louer comme aujourd'hui aux propriétaires individuels ; — et loin que, dans ces conditions nouvelles, leur travail doive leur être plus payé qu'aujourd'hui, il le sera et nécessairement moins, la *loi des salaires* voulant que le salaire soit abaissé d'autant plus que le salarié est assuré par ailleurs de plus de moyens de subsister. C'est ainsi que Stuart Mill ne voulait pas — et avec raison — que l'on donnât aux ouvriers agricoles un lopin de terre, où ils pussent récolter des légumes et des pommes de terre en travaillant aux heures perdues, cette prétendue amélioration devant tourner au profit exclusif des patrons, qui trouveraient à acheter à meilleur marché les travailleurs ainsi assurés d'un supplément de nourriture. Augmentation de travail et réduction du salaire, tel était, d'après Mill, le seul résultat pour le salarié de son accession à une propriété insuffisante ; — et il n'en serait pas autrement pour les salariés des *Collinsiens*, à qui le supplément de subsistance qu'ils trouveraient dans la co-propriété d'une partie des capitaux existants permettrait de louer leurs bras à plus bas prix.

(1) Egalement rémunérateur pour une égale somme de travail, bien entendu.

lement collective ou sociale, — la forme communale, que quelques-uns voudraient lui imprimer, trainant après elle les mêmes dangers que la forme corporative et pour les mêmes raisons.

Les Communes ne sont-elles pas inégalement riches ?

Disposeraient-elles momentanément de capitaux égaux, sinon identiques, que le mouvement nécessairement inégal de leur population ne manquerait pas de rompre cet équilibre d'un jour.

N'est-il pas, sinon certain, au moins probable que celles qui, à population égale, se trouveraient à un moment donné avantagées sous le rapport de la quantité ou de la qualité des capitaux céderaient tôt ou tard à la tentation de monopoliser ces avantages en se constituant en Communes fermées, inaccessibles à la population des Communes moins bien partagées (1) ?

Inutile d'ailleurs d'insister, tant la chose est évidente.

Quant au *Collectivisme* — dont le nom seul fait sur MM. les bourgeois l'effet de la tête de Méduse — il est ce que nous venons d'exposer — et il n'est que cela.

C'est la *socialisation*, ou encore, dans l'état actuel de l'Europe, la *nationalisation* du capital immobilier et mobilier, depuis le sol jusqu'à la machine, mis désormais directement à la disposition des groupes producteurs. Plus de capitalistes, plus de patrons achetant et trouvant à acheter pour un morceau de pain la

---

(1) Et qu'on n'objecte pas que la fédération de ces Communes, le pacte intervenu entre elles, pourrait obvier à ces divers inconvénients, ou nous répondrons que ce pacte, en *fédéralisant* la propriété, la *décommunaliserait* et la rendrait alors — comme nous le voulons — effectivement collective.

force de travail de millions d'hommes réduits au rôle de machines, produisant tout et manquant de tout ; ou mieux, un seul patron, un seul capitaliste : Tout le monde ! mais tout le monde travaillant, obligé de travailler et maître de la totalité des valeurs sorties de ses mains.

Alors, et seulement alors, le bien-être, la richesse seront réellement le fruit du travail, puisque ceux-là seuls qui auront produit pourront consommer ou jouir ; proportionnés au travail, puisque tout le produit restera aux travailleurs qui pourront consommer d'autant plus qu'ils auront travaillé ou produit davantage ;

Alors disparaîtra l'oisiveté, mère et fille de l'exploitation de l'homme par l'homme ; et, avec l'oisiveté, qui n'est pas mortelle seulement à la société qu'elle appauvrit mais encore à l'oisif qu'elle corrompt et dégrade, disparaîtra le principal sinon l'unique excitant au vol, à la prostitution, etc., c'est-à-dire le spectacle de la richesse en dehors du travail, du bien-être, de la consommation sans production équivalente ;

Alors la production ou la richesse générale s'accroîtra de toutes les forces productives aujourd'hui immobilisées dans la classe exclusivement consommatrice et oisive, mise en demeure de travailler pour vivre ;

Alors la *surproduction* ou l'encombrement des marchandises qui entraîne aujourd'hui les chômages mortels que l'on sait, c'est-à-dire de véritables famines, d'origine sociale, sévissant sur telle ou telle branche des travailleurs, n'aurait d'autre effet que de satisfaire plus largement, plus abondamment à la consommation d'un chacun ou d'augmenter les loisirs de tous ;

Alors, de fléaux qu'elles sont aujourd'hui pour l'ouvrier dont elles prennent *la place avec la vie,* les machines multipliées, perfectionnées, *automatisées* se transformeront en autant de bienfaits, de « dieux » pour le travailleur dont elles ne feraient, suivant les besoins, que diminuer le travail (1) ou qu'augmenter le bien-être en augmentant les produits devenus sa propriété exclusive ;

Alors ce qui est impossible à l'ordre social actuel, malgré que la justice et l'intérêt général l'exigent, c'est-à-dire la mise à la charge de la société des frais d'entretien et de développement intégral de tous les enfants sans distinction, se fera pour ainsi dire de soi-même ; etc., etc.

J'exposerai un jour dans tous leurs détails ces avantages et d'autres du nouvel ordre de choses ; mais pour l'instant, et faute d'espace, force m'est de passer immédiatement aux moyens par lesquels pourra s'opérer la transformation de la propriété individuelle en propriété collective ; aux moyens, en d'autres termes, par lesquels cette « dernière forme de l'esclavage » qu'est, d'après Châteaubriand lui-même, le salariat moderne, fera place à la production libre au profit des producteurs solidarisés.

Tous les moyens proposés jusqu'à présent peuvent se ramener à trois qui sont :

Le rachat ;

---

(1) Mettons que, au prix de 7 heures de travail pour tous, les besoins non seulement de nécessité mais de luxe de tous les membres de la collectivité soient amplement satisfaits. Vienne un progrès dans l'outillage qui permette de produire en 5 ou 6 heures la même somme d'*utilités*, la journée de travail sera simplement réduite de 7 heures à 5 ou à 6.

L'expropriation pour cause d'utilité publique, avec indemnité ;

L'expropriation pure et simple ou la reprise violente du patrimoine commun sur ceux qui l'ont usurpé eux-mêmes violemment.

J'ai dit trois et non quatre moyens, parce qu'aucun homme de sens ne saurait prendre au sérieux l'espérance, dont aiment à se bercer quelques rêveurs généreux, d'une *nuit du 4 août économique*, autrement dit de l'abandon effectué volontairement par la féodalité bourgeoise de tout le capital qu'elle détient (1).

Le *rachat* — il est à peine besoin de le faire observer — ne correspond à rien de pratique, et ce pour deux raisons :

La première, c'est que si le capital qu'il s'agit de

---

(1) On peut ranger dans la même catégorie des solutions que j'appellerai « miraculeuses, » la liberté d'association et de coalition dans laquelle l'ignorance des uns et le machiavélisme des autres s'entendent pour placer « le secret de la Révolution sociale. »

Que l'on additionne autant de noyaux de pêches que l'on voudra, et l'on n'aura jamais le sol où semer ces noyaux pour leur faire produire des pêches. Que les prolétaires s'associent, associent aussi universellement que possible le seul facteur de la production qu'ils possèdent, c'est-à-dire leur faculté, leur force de travail, et — à moins d'un miracle auprès duquel l'Immaculée conception devient un fait scientifique, — leur association ne leur donnera pas l'autre facteur, le capital qui leur manque, et les laissera aussi prolétaires que par le passé.

Quant à la liberté de coalition greffée, je ne dis pas seulement sur le droit, mais sur le fait d'association, il suffit pour en comprendre l'inanité de voir ce qu'elle a produit en Angleterre. Les *Trade's unions* ou associations ouvrières de résistance d'au delà de la Manche, ont compté près de 2 millions de faire rentrer à la collectivité laborieuse représente pour la France 150 ou 200 milliards, il faudrait pour le racheter que le prolétariat français — qui ne serait plus alors un prolétariat — disposât de 150 ou de 200 milliards. Or nous ne sachions pas que l'apologiste le plus forcené de l'épargne ou de la coopération — deux mensonges — ait jamais osé prétendre que soit l'épargne individuelle, soit l'épargne collective (que représente la seule coopération à peu près viable, la coopération en matière de consommation) pût mettre une somme semblable dans les caisses ouvrières.

La seconde raison c'est que, ce miracle fût-il accompli — c'est-à-dire nos dix millions de prolétaires eussent-ils en main une puissance d'achat

---

membres. Elles ont, à l'aide de sacrifices qui dépassent l'imagination, eu en caisse jusqu'à 50 millions. Elles ont entassé grève sur grève, aboutissant à une réduction des heures de travail et à l'élévation des salaires. Et lorsqu'enorgueillies par ces victoires remportées coup sur coup elles dédaignaient d'entrer dans l'*Internationale* en disant comme Médée : *nous seules et c'est assez*, il a suffi aux patrons pour en avoir raison, pour reconquérir contre elles presque du jour au lendemain tout le terrain perdu, et pour réduire impunément les salaires de 50 p. 100, il leur a suffi de se coaliser à leur tour, d'organiser les *lock-out*, c'est-à-dire la grève du capital, le licenciement de tous leurs ouvriers à la première velléité de résistance partielle de ces derniers.

Et comment pourrait-il en être autrement lorsque le capital peut enfermer le travailleur, si associé et si coalisé qu'on le suppose, dans le dilemme suivant : *travaille à mes conditions ou meurs !*

Association et coalition sont un moyen, le moyen d'arracher le prolétariat à un éparpillement qui le paralyse et de le mettre en mesure d'agir. Mais de là à la solution, il y a loin ; il y a toute la différence de la constitution d'une armée à la victoire ou à la conquête.

correspondant à 150 ou à 200 milliards, — rien ne prouve que la gent propriétaire d'aujourd'hui consentit au marché. Il y a tout lieu de croire, au contraire, en se fondant sur son intérêt, qu'elle ne se décidera jamais à se dessaisir du capital terrien et industriel dont l'exploitation par d'autres lui permet de vivre sans travailler elle-même ou, comme on dit, de ses rentes.

L'expropriation avec indemnité ne se présente pas sous un aspect différent. A quelque point de vue qu'on examine cette prétendue solution, elle apparaît — ce qu'elle est réellement — une utopie.

Où prendre d'abord cette indemnité ? A moins qu'on n'ait recours au grand livre de la dette publique, c'est-à-dire qu'on transforme en créancier de l'État ou de la société, pour le montant de son indemnité, chacun des propriétaires expropriés. Mais alors, soit qu'il s'agisse de rentes perpétuelles, soit que ces créances soient amortissables par annuités, on aura été contre le but que l'on se propose par l'appropriation collective et qui est de laisser les producteurs maîtres de la totalité de leurs produits. Voilà la production grevée pour je ne sais combien d'années ou pour toujours, et dans la même proportion, au profit des mêmes oisifs, qu'elle l'est aujourd'hui. Au lieu d'être dépouillé par le *salariat*, le travailleur le sera par l'impôt. A cela se bornera toute la différence !

Quand trouvera-t-on ensuite une majorité dans le gouvernement, dans la représentation dite nationale, pour prendre une semblable mesure ? Pour empêcher qu'on en arrive là, à quels coups de force n'auront pas recours les intéressés, les *Possédants* qui ne se distinguent pas des *Dirigeants*, et qui ne se sont pas entourés d'une armée dont la consigne est la seule loi, pour la laisser chômer au moment utile ? Veut-on admettre cependant que, par aveuglement ou par surprise, les fusils *Gras* ne soient pas intervenus ou soient intervenus trop tard et inutilement ? Soit. Nous avons cette majorité parlementaire décidée à exproprier en l'indemnisant la nouvelle féodalité capitaliste ; mais alors on ne s'explique pas comment et pourquoi une pareille majorité *évidemment prolétarienne* ne passerait pas par-dessus la formalité de l'indemnité et n'exproprierait pas purement et simplement les exploiteurs séculaires de la classe qu'elle représente (1).

---

(1) Cette considération réduit également à néant la thèse soutenue en 1877 dans et contre le journal socialiste l'*Egalité* par le seul député socialiste que comptait la Chambre de Versailles, — j'ai nommé le citoyen Talandier. Talandier voulait voir dans l'Etat créditant, commanditant les associations ouvrières en leur concédant directement l'exécution de tous les travaux publics, le moyen pour les prolétaires d'acquérir graduellement « au prix de bien des sueurs » le capital qui leur manque. Or, en admettant même que ce crédit, si énorme soit-il, suffise en un ou deux siècles à transformer tous les travailleurs salariés en travailleurs libres, assurés, par la possession de tous les éléments de leur production, de la valeur intégrale de leur travail, qui ne voit qu'il n'y a rien de semblable à attendre tant que la bourgeoisie sera au pouvoir; que jamais la gent capitaliste qui encombre la représentation dite nationale ne s'avisera de fournir au prolétariat, même sous la forme crédit, les moyens de lui faire une concurrence heureuse, c'est-à-dire de la ruiner peu à peu ? Il faudra donc, pour que les espérances de Talandier puissent se réaliser, que l'Etat ait changé de mains, que les gouvernants aient cessé d'être des « possédants » pour devenir des prolétaires. Mais alors — nous le répétons — quel besoin de commanditer la France ouvrière, de mettre son affranchissement économique au prix de nouvelles « sueurs ? » A peine de

L'expropriation avec indemnité est donc une chimère autant, sinon plus, que le rachat. Et quelque regret qu'on en puisse éprouver, quelque pénible que paraisse aux natures pacifiques ce troisième et dernier moyen, nous n'avons plus devant nous que la reprise violente sur quelques-uns de ce qui appartient à tous, disons le mot : *la Révolution* (1).

Que cette Révolution soit non seulement possible mais facile, c'est ce qui saute aux yeux des plus aveugles. Il suffit de réfléchir que ceux qui ont intérêt à la faire sont à ceux qui entendent s'y opposer, et s'y opposeront de toutes leurs forces, dans la proportion de 10 à 1, et que loin d'aller *diminuendo,* cet écart va *crescendo* tous les jours, par le rejet dans le prolétariat des petits propriétaires, des petits commerçants et des petits patrons, incapables de soutenir la con-

---

crime, la majorité prolétarienne devra opérer d'un coup cet affranchissement en restituant à ceux qui l'ont créé tout le capital concentré entre les mains de quelques oisifs.

(1) Disons tout de suite — pour ne laisser aucune excuse à la mauvaise foi — que par Révolution nous n'entendons pas les coups de fusils au hasard et en permanence, l'insurrection pour l'insurrection, sans préparation, sans chance de succès et presque sans but. Le sang ouvrier n'a que trop coulé depuis près d'un siècle sans résultat aucun ou au seul profit de la bourgeoisie divisée et aux prises avec elle-même, pour qu'il ne soit pas temps de mettre fin à ces saignées au moins inutiles. La Révolution, pour nous, c'est la force « mise au service du droit, » mais lorsque ce droit compris et revendiqué par la France ouvrière n'est plus séparé de sa réalisation, de sa traduction en fait que par un obstacle, la résistance illégitime de l'ordre social qu'il s'agit de modifier ou de transformer. Quant à cette force, il se peut — quoique rien ne permette de l'espérer — qu'elle soit le bulletin de vote, comme il se peut

currence de la grande industrie, du grand commerce et de la grande propriété.

Ce qu'en revanche on est moins disposé à admettre, ce qui est contesté par des socialistes de plus de cœur que de raison, c'est que cette Révolution s'impose, et que la logique et l'histoire soient d'accord pour la proclamer inévitable. Rien de plus exact cependant. Quoiqu'on dise et quoiqu'on fasse — nous l'avons vu tout à l'heure — le prolétariat ne disparaitra avec le salariat ; la production sociale, au bénéfice du travailleur, ne succèdera à la production capitaliste ; l'émancipation économique de l'humanité en un mot ne s'opérera que *révolutionnairement,* comme s'est opérée successivement sa demi-émancipation religieuse, civile et politique.

Qui est-ce qui brise le joug de fer de l'unité catholique au XVI° siècle et, par l'introduction du libre

---

qu'elle soit le fusil. Mais, bulletin ou fusil, peu importe, il n'y en a pas moins Révolution, dès que ce qu'on appelle « le droit ancien » est éliminé en bloc et malgré lui par « un droit nouveau. »

Est-il maintenant nécessaire d'ajouter que la Révolution ainsi entendue est subordonnée à deux choses : 1° la conscience de leur *droit au capital* éveillé chez les prolétaires par une propagande aussi active que continue ; 2° l'organisation des forces prolétariennes, organisation qui peut revêtir toutes les formes, syndicats, sociétés de résistance, et jusqu'aux sociétés coopératives de consommation, pourvu que ces dernières, au lieu d'être considérées comme le but, soient tenues pour ce qu'elles sont réellement, c'est-à-dire pour un simple moyen de groupement.

En dehors de ces deux conditions, indispensables, il n'y a pas de Révolution possible ou, ce qui revient au même, il n'y a que des Révolutions stériles, exclusivement politiques et *conservatrices* de l'ordre capitaliste actuel.

examen dans les matières de foi, commence l'affranchissement des consciences ? — La Réforme, mais la Réforme armée, l'épée d'une main et l'arquebuse de l'autre, — c'est-à-dire la Révolution.

C'est la Révolution qui en 89 supprime les Ordres, sinon les classes, la dime, le droit d'ainesse, et au droit divin d'une famille royale substitue — au moins sur le papier — les « droits de l'homme et du citoyen. »

C'est la Révolution qui en 1830, même escamotée par les d'Orléans avec le concours de Lafayette, emporte les Chartes Octroyées et les Religions d'Etat.

C'est la Révolution qui en 1848 institue le suffrage universel, cette souveraineté au moins nominale de la nation.

C'est la Révolution qui en 1870 enterre définitivement, avec l'Empire, la dernière forme de la monarchie et fonde la République.

Et je ne parle pas de la Révolution avortée du 18 Mars, qui, si elle avait pu triompher, eut presque inutilisé nos efforts actuels en « universalisant, comme elle le voulait, le pouvoir et la propriété. »

Ainsi, égalité religieuse, égalité devant la loi, égalité devant le scrutin, ces trois grands pas en avant de nos espèce, sont d'origine, d'essence révolutionnaire. La force seule a pu en faire accoucher ce que l'on appelle aujourd'hui l'ancien régime.

Et il se rencontre des gens pour prétendre qu'il en sera autrement pour l'égalité sociale, autrement dit pour l'attribution à chacun des membres de la société des mêmes moyens de développement et d'action ! Et comment? Pourquoi ? A quel titre ?

Parce que, à les entendre, les temps seraient changés ; parce que si la Révolution a été et a dû être l'instrument de tout progrès dans le passé, l'introduction du suffrage universel, la substitution des voix qui se comptent aux bras qui se heurtent, permet de la reléguer, comme une arme inutile, au musée des Antiques entre la *Durandal* de Rolland et l'arquebuse à rouet de Catherine de Médicis ; parce qu'enfin et surtout nous sommes en République.

La Révolution destituée de sa fonction historique par la République ! Le fusil inutilisé par le bulletin de vote ! Mais où nos honorables contradicteurs ont-ils pu — en dehors de leurs désirs, qui sont les nôtres — puiser une pareille assertion, en contradiction flagrante avec tous les faits connus ?

Que l'on regarde plutôt vers les États-Unis et vers la Suisse. Si le suffrage universel a été quelque part à même de donner ce « progrès pacifique » dont l'heure serait enfin venue, c'est assurément dans ces deux pays, où il fonctionne de longue date, dans les meilleures conditions de liberté, et qui sont de vraies Républiques. Eh bien ! est-ce pacifiquement, à coups de scrutin, que la Suisse en 1848 a pu avoir raison du « Cléricalisme qui est l'ennemi ? » Est-ce pacifiquement, à coups de scrutin, que les Etats-Unis en 1863 ont pu je ne dis pas abolir, mais seulement enrayer l'esclavage noir, l'empêcher de remonter vers le Nord ? N'est-ce pas au contraire par la force mise au service du droit, révolutionnairement, à coups de canon, dans le sang, que les nègres ont dû dans l'Amérique du Nord être arrachés à leur état de bétail et rendus à la qualité d'hommes, et les blancs des cantons helvétiques sauvés de l'*ensoutanement* catholique romain ?

Nous comprenons qu'on le déplore — le déplorant nous-même plus que personne, — mais, qu'il s'agisse d'organisme social ou d'organisme individuel, qui dit enfantement dit déchirement. *Pas de vie nouvelle sans effusion de sang.*

Ce qui du reste, dans le cas actuel, est fait pour nous réconcilier avec cette nécessité, si douloureuse soit-elle, c'est que jamais Révolution n'aura été plus rationnelle et plus légitime.

Des capitaux, en effet, qu'il s'agit de reprendre à quelques-uns pour les restituer à tous — y compris ces quelques-uns. — les uns comme la terre ne sont pas de création humaine, sont antérieurs à l'homme pour lequel ils sont une condition *sine qua non* d'existence. Ils ne sauraient par suite appartenir aux uns à l'exclusion des autres, sans que ces autres soient *volés*. Et faire rendre gorge à des voleurs, les obliger à restituer, a toujours et partout été considéré, je ne dis pas comme un droit, mais comme un devoir, le plus sacré des devoirs. Les autres capitaux (machines, hauts-fourneaux, etc.), qui sont d'origine humaine, sont le résultat des efforts accumulés de la longue série des hommes qui nous ont précédés, et constituent en conséquence l'héritage commun de notre espèce, sur lequel nous avons tous les mêmes droits, et qui n'a pu être accaparé par quelques-uns que par la violence ou par la fraude, deux moyens d'acquérir qui sont condamnés et proscrits, même par la légalité bourgeoise d'aujourd'hui.

D'autre part, il n'est pas un seul économiste, qui ait jamais osé nier que, s'ils cessaient d'être entretenus, d'être mis en valeur, la majeure partie des capitaux ne tarderaient pas à disparaître. Que resterait-il au bout de quelques années des mines non exploitées, du sol non cultivé, des manufactures et fabriques abandonnées à leur inactivité organique ? Peu de chose, sinon rien. Or, qui maintient ces divers capitaux en exercice, sinon les travailleurs ? Qui permet leur entretien et leur renouvellement, sinon le travail des travailleurs ? Ces capitaux sont donc l'œuvre des travailleurs qui les créent ou les recréent chaque année, et qui en s'en emparant ne feront jamais que reprendre ce qui leur appartient deux fois.

Enfin la Révolution qu'il s'agit de faire aujourd'hui contre la Bourgeoisie, la Bourgeoisie, lorsqu'elle n'était encore que le Tiers-Etat, l'a faite elle-même contre la Noblesse et le Clergé. Il n'est personne qui ne se souvienne comment elle s'est approprié en 89 les « biens » de ces deux Ordres après les avoir déclarés « nationaux ». Et ce n'est pas parce qu'au lieu de s'emparer comme elle l'a fait à son profit exclusif (1) de plus des deux tiers de la France, les prolétaires entendent approprier collectivement la France entière au bénéfice de tous — les bourgeois y compris — que leur Révolution pourrait être moins justifiée que l'autre. Bien au contraire.

Car — on ne saurait trop insister sur ce point — ce qui caractérise la Révolution poursuivie par la France ouvrière ou le Quatrième-Etat, c'est qu'elle ne tend pas à substituer une classe à une autre classe dans la possession du sol et des autres capitaux, mais à fondre toutes les classes dans une seule, celle des

---

(1) « Quand le 9 thermidor arriva, les prolétaires n'avaient
» eu miette des biens d'Egypte, leurs propres biens ; et ils
» ne devaient pas en avoir davantage. On leur avait partagé
» çà et là quelques bribes de biens communaux, et on ne
» devait pas leur faire d'autres partages. En revanche ils
» étaient riches de promesses ; un milliard de terre comme
» défenseurs de la patrie et les biens des suspects à répartir
» entre tous. Ah ! le bon billet ! »
(Georges Avenel, les *Lundis révolutionnaires*.

travailleurs, au service desquels devra être mis l'ensemble des capitaux de production.

Contrairement au 89 bourgeois qui n'a constitué la propriété que pour quelques-uns, le 89 ouvrier la constituera pour tous. Personne ne sera dépossédé de ce qui lui appartient réellement et justement, c'est-à-dire des valeurs par lui créées, du produit de son travail. Tous seront appelés et tous seront élus : 1° à la co-propriété du capital devenu collectif ; 2° à la propriété personnelle des plus-values données par leur travail à ce capital collectif.

Et c'est pourquoi, loin de dissimuler notre objectif derrière l'ambiguïté des termes, nous pouvons en parler tout haut; proclamer sans crainte et sans ambage où nous allons et par quel chemin il nous faudra y aller, — parce qu'il n'est pas question d'une Révolution de classe, mais d'une Révolution de justice ; parce qu'il ne s'agit pas d'assurer le bien-être des uns au détriment des autres, mais d'assurer le même bien-être à tous sans distinction — sous la seule condition, égale pour tous, du travail.

Droit, égal droit au capital pour tous, mais *devoir, devoir égal du travail pour chacun*, telle est la formule, la base du nouvel ordre social qui, s'il n'admettra la consommation individuelle qu'au prix et au *prorata* de la production individuelle, équilibrera la production et la consommation d'un chacun.

Que maintenant, malgré sa justice évidente, cet ordre nouveau ne soit pas du goût de nos propriétaires terriens qui « font cultiver » et de nos propriétaires industriels qui « font produire » ; que ceux-ci et ceux-là lui préfèrent un état de choses où, comme aujourd'hui leur seule fonction sociale est de dépenser, de dilapider au gré de leurs fantaisies le produit du travail de « leurs ouvriers », c'est ce qui, pour se comprendre facilement, ne nous importe ni peu ni prou. Il ne saurait en effet en être de même pour « leurs ouvriers » qui, cultivant, produisant eux-mêmes, — et eux seuls — en sont arrivés à vouloir consommer eux-mêmes.

Il ne saurait en être de même non plus pour les petits industriels et les petits propriétaires que le développement naturel et fatal de la grande propriété et de la grande industrie refoule tous les jours dans le prolétariat dont ils ont eu tant de peine à sortir un instant.

Pour les uns et pour les autres, pour ceux qui, fatigués de « faire la fortune » de leurs employeurs, sont décidés à acquérir la propriété du fruit de leur labeur, comme pour ceux qui sont à la veille de se voir dépossédés, par leurs rivaux mieux armés, de l'outil ou du capital qui leur assurait le produit intégral de leurs efforts, l'appropriation collective est le salut, le seul moyen de salut.

Et leur mot d'ordre par suite doit être *Collectivisme et Révolution* ou, plus exactement, *le Collectivisme par la Révolution*.

C'est à ce programme qu'ils doivent s'atteler, c'est vers ce but unique qu'ils doivent tendre d'ores et déjà tous leurs efforts, s'ils veulent échapper au salariat qui va s'étendant et s'aggravant et que l'exploitation capitaliste, délivrée du frein religieux d'autrefois, ne tardera pas à rendre pire que le servage du moyen-âge.

Pas de milieu, en effet :

Ou la concentration des capitaux de toute nature qui s'opère depuis nombre d'années déjà, et ne peut pas ne pas s'opérer, devenue qu'elle est la loi du progrès industriel et agricole, s'effectuera *socialement*, au bénéfice des travailleurs associés et composant toute la société.

C'est la solution *collectiviste* qui en faisant de la société, de la totalité de ses membres, le propriétaire collectif et indivis de tous les capitaux, laissera la libre et égale jouissance à tous de la plus-value donnée à ces capitaux, ou du produit entier de leur travail.

Ou cette concentration — inévitable — s'achèvera, comme elle a commencé, *individuellement,* entre les mains et au profit de quelques-uns. Et ces quelques-uns, amenés ainsi à disposer de tous les moyens d'existence, seront seuls des *hommes,* tous ceux qu'ils appellent encore aujourd'hui leurs semblables tombant au rang de *sous-hommes,* pour ne pas dire de bétail.

C'est l'esclavage, moins le mot, pour les 99 centièmes de l'espèce humaine, réduits à n'exister que pour autrui, et dans la limite où autrui aura intérêt à ce qu'ils existent.

Et quand je parle d'esclavage, je reste en deçà de la vérité. Car l'esclave antique qui représentait un capital, puisqu'il fallait l'acheter, était à la charge de son maître, entretenu par lui, au même titre que les chevaux, les bœufs et autres animaux de production ou de jouissance. Tandis que dans l'ordre capitaliste arrivé à son apogée, lorsque — ce qui ne tardera pas — la féodalité propriétaire sera constituée, la généralisation et le perfectionnement du *machinisme* aidant, tous ceux qui ne seront pas indispensables à la surveillance et à la mise en mouvement des machines, toutes celles qui excéderont l'appétit sexuel du maître, devront disparaître.

C'est à cet avenir — plus prochain qu'on ne le

pense — que nous marchons à grands pas, qui n'est qu'une question d'années, si nous ne réunissons pas dès aujourd'hui toutes nos forces pour le conjurer — et pour le conjurer dans les conditions que je viens d'indiquer, et en dehors desquelles toutes les protestations et tous les agissements seront autant de coups d'épée dans l'eau.

Plus tard — qu'on en soit bien persuadé — il sera trop tard.

POSTFACE

En rééditant, en 1890, cette brochure publiée il y a onze ans, je crois nécessaire d'insister sur un point qui, bien qu'indiqué, ne l'a peut-être pas été suffisamment. Je veux parler de *l'expropriation politique* ou *gouvernementale de la classe capitaliste* qui doit précéder et peut seule permettre son *expropriation économique*.

Ce n'est que parce qu'elle a l'État dans la main, parce qu'elle fait la loi et qu'elle l'applique, que la bourgeoisie peut, contre la volonté et le bien-être des travailleurs et contre l'intérêt social, détenir les moyens de production. Ce n'est, par suite, que lorsqu'il se sera emparé de l'Etat que le prolétariat sera en mesure de restituer à la collectivité ou à la société, mines, chemins de fer, usines, machines et le reste.

C'est même pour la conquête du pouvoir ou de l'outillage politique, que l'emploi de la force ou la Révolution s'impose comme une nécessité. La reprise de l'outillage économique, instrument et matière du travail, devant ensuite s'opérer légalement, puisque les prolétaires vainqueurs *seront* et *feront* la *légalité nouvelle.*

J'ajoute que, depuis la première édition de *Collectivisme et Révolution,* une nouvelle école a surgi,

l'école possibiliste, qui, à l'exemple des utopistes du
« rachat » et de « l'expropriation avec indemnité »,
a la prétention de faire faire au collectivisme ou au
communisme l'économie de la Révolution. Et comment ? En transformant graduellement dans le milieu
actuel les diverses industries privées en services dits
publics, nationaux, départementaux ou municipaux.

Si peu de dupes qu'ait faites en huit années cette
solution tintamaresque, il suffit qu'elle en ait faites
pour que je l'exécute en principe (1) en faisant remarquer qu'elle n'est qu'une des formes de « l'expropriation moyennant indemnité » ou du « rachat » et
qu'elle se heurte aux mêmes impossibilités

On sait, par exemple, ce qu'a coûté aux contribuables la transformation de la ligne des Charentes
et autres lieux en chemin de fer de l'Etat, c'est-à-dire en service public à la P. B. — plus d'un demi-milliard — sans que, de ce « communisme qui
vient »…. à point pour les actionnaires en déconfiture, les serfs de cette fraction de nos voies ferrées
aient retiré autre chose qu'un supplément de servage.

La généralisation de ce mode d'exploitation, renouvelé des jésuites du Paraguay, que connaissent pour
le subir depuis un temps immémorial les employés
des postes et les ouvriers et ouvrières des tabacs,

---

(1) Voir, pour le coulage à fond de cette galère bourgeoise
sur laquelle les roublards du possibilisme avaient rêvé d'embarquer notre France ouvrière, ma brochure de 1885 : *Services
publics et Socialisme.*

n'aurait, si elle pouvait s'opérer, d'autre effet que de débarrasser de tous risques industriels et commerciaux les détenteurs actuels du capital de production et d'échange, passés à l'état idéal de rentiers, convertis en entretenus à perpétuité de la nation ouvrière à l'aide du grand-livre de la dette publique, devenu toute une bibliothèque.

Ce qui ne manquerait pas d'être le dernier mot de l'affranchissement pour ces derniers, mais pour ces derniers seulement.

J. G.

Paris, le 14 Juillet 1890.

www.ingramcontent.com/pod-product-compliance
Lightning Source LLC
Chambersburg PA
CBHW060728050426
42451CB00010B/1679